PSICANÁLISE

100 MINUTOS *para entender* PSICANÁLISE

2ª edição

astral
cultural

Editora Natália Ortega
Produção editorial Andressa Ciniciato, Brendha Rodrigues e Thais Taldivo
Revisão João Rodrigues
Edição de arte e capa Tâmizi Ribeiro

Dados Internacionais de Catalogação na Publicação (CIP)
Angélica Ilacqua CRB-8/7057

C386
100 Minutos para entender a psicanálise. – 2 ed - Bauru, SP : Astral Cultural, 2024.
128 p. (Coleção Mente em foco)

Bibliografia
ISBN 978-65-5566-508-6

1. Psicanálise I. Série

24-1600 CDD 150.195

Índices para catálogo sistemático:
1. Psicanálise

BAURU
Rua Joaquim Anacleto
Bueno 1-42
Jardim Contorno
CEP: 17047-281
Telefone: (14) 3879-3877

SÃO PAULO
Rua Augusta, 101
Cj. 1812, 18º andar
Consolação
CEP 01305-000
Telefone: (11) 3048-2900

E-mail: contato@astralcultural.com.br

SUMÁRIO

Apresentação	7
A Teoria de Freud	11
Outros psicanalistas	29
Jung e outros dissidentes	49
Conceitos	65
Na prática	89
Controvérsias	105

APRESENTAÇÃO

Para obter equilíbrio na vida, é importante cultivar uma mente e um corpo sãos. Afinal, como aponta a Organização Mundial da Saúde (OMS), a saúde deve ser definida como o estado de completo bem-estar físico, mental e social, e não somente a ausência de invalidez. Nesse sentido, da mesma forma que, para obter uma vida saudável, é recomendado realizar exercícios físicos frequentemente, adquirir informações sobre o funcionamento da mente humana também é um elemento-chave para desenvolver práticas adequadas no dia a dia. Tendo isso em vista, preparamos a **Coleção Mente em Foco** com o intuito de reunir conceitos e metodologias de campos destinados ao estudo exclusivo do cérebro. Por meio da diversidade de visões de especialistas e cientistas ao longo da história, buscamos sugerir novas compreensões, além de incentivar uma relação mais saudável com o complexo órgão. Para obtermos boas práticas, é importante termos informações de referência. Portanto, a psicanálise, inicialmente desenvolvida por Sigmund Freud, tem o objetivo de gerar maior compreensão sobre o funcionamento da mente humana, trazendo à tona sentimentos conflitantes. Revolucionária, a técnica foi precursora do formato de psicoterapias por meio de diálogos, além de conceber o surgimento de teorias como a dos complexos, libido e inconsciente, ainda atuais.

A Coleção **100 minutos para entender Psicanálise** é um conteúdo que explica as origens, os teóricos de destaque — favoráveis e opostos —, os principais conceitos da prática, além de apontar características do tratamento clínico e controvérsias do campo. Esperamos com isso contribuir para uma melhor relação entre a saúde e a mente humana.

1

A TEORIA DE FREUD

Qual é o motivo para pensarmos como pensamos? O questionamento sobre como a mente humana atua tem recebido atenção de inúmeras personalidades ao longo da história, entre filósofos, psicólogos e sociólogos. Nesse contexto, a psicanálise surgiu na Europa entre os séculos XIX e XX, mais especificamente em Viena, na Áustria. Durante o período, a sociedade austríaca era um importante polo da comunidade científica, com numerosas figuras proeminentes do campo da medicina. Entretanto, em contrariedade a esse clima de franca evolução, a ciência ainda era utilizada como suporte para difundir conceitos equivocados. Dessa forma, Viena tinha um caráter ambíguo: por um lado, se insinuava como a velha capital de um império decadente (Austro-Húngaro); por outro, se apresentava como o berço de uma cultura moderna em efervescência.

Pai da psicanálise

Uma das principais figuras desse contexto vienense, Sigmund Schlomo Freud nasceu em 6 de maio de 1856, em Freiberg, na Morávia, uma pequena cidade na Tchecoslováquia (atualmente Príbor na República Tcheca), e mudou-se para a capital da Áustria aos três anos de idade com a família. Desde a infância, Sigmund transitou entre diferentes interesses acadêmicos ao longo de sua vida até chegar às suas teorias sobre a psique, como os conceitos do naturalista Charles Darwin, conhecido pelo desenvolvimento da teoria da evolução das espécies. Na área da psiquiatria, durante a faculdade, marcou história e definiu uma nova interpretação para o campo de estudos mentais.

Os objetivos da psicanálise se definem pelo propósito de funcionar como um meio para a resolução de conflitos e por ser uma ferramenta para o bem-estar individual. Segundo a teoria, o psicanalista deve ouvir em sua 'atenção flutuante', realizando interpretações de modo a colocar em três movimento o aparelho psíquico do sujeito. Para render mudanças, o pai da psicanálise instituiu que seria necessário mapear a psique em três regiões. Suas definições, que tinham o objetivo de oferecer um panorama do funcionamento mental, foram nomeadas como ID, ego e superego.

Primeiros passos

Desde a juventude, Freud já demonstrava curiosidade por mistérios da humanidade, fato que acabou o levando a cursar medicina. E, ao se envolver com estudos mentais de diversas naturezas, consolidou-se na área em que desenvolvia as pesquisas a respeito do cérebro (um de seus grandes interesses era a psiquiatria). Por conta disso, acabou se vinculando a um campo também voltado aos estudos cerebrais, a neurologia.

Em 1881, Freud se formou em medicina e, aconselhado por seu professor, o fisiologista Ernst Wilhelm von Brücke, não seguiu a carreira de pesquisador e entrou para o Hospital Geral de Viena, em 1882. Com as boas impressões deixadas no laboratório do seu antigo docente, em 1885, foi oferecida ao austríaco uma bolsa de viagem para o Hospital da Salpêtrière, em Paris, na França. Lá, ele teve contato com um dos especialistas que mais o influenciaram em seus pensamentos psicanalíticos nos anos seguintes, principalmente sobre histeria e hipnose: o médico francês Jean-Martin Charcot.

Em 1886, Freud retornou a Viena, e a hipnose e a eletroterapia foram os métodos escolhidos para tratar seus pacientes. Simultaneamente, passou a utilizar uma substância que, à época, era considerada promissora para o tratamento de pacientes em busca de uma rotina saudável: a cocaína.

Ele foi um entusiasta da droga como medicamento para diversos quadros, como depressão e alcoolismo. Com fins anestésicos, a substância era vista como um meio de substituir o uso de morfina — um fármaco que também combatia a dor e havia sido banalizado anos antes.

Posteriormente, Freud encerrou sua investigação sobre cocaína; não sem antes definir que acreditava que, futuramente, novos potenciais seriam descobertos para a substância. Entretanto, por ser uma droga perigosa, cientistas da época rotularam o neurologista como irresponsável.

Por isso, interrompeu o uso da substância nos tratamentos e encerrou sua investigação sobre cocaína; não sem antes afirmar que acreditava que, futuramente, novos potenciais seriam descobertos para a substância. Atualmente, essa relação é considerada uma das maiores polêmicas envolvendo o psicanalista. Nesse período, também dirigiu o foco de seus estudos à neurologia, ramo no qual as hipóteses formuladas em relação às afasias se destacam. Tal termo se refere a uma condição neurológica caracterizada por distúrbios de linguagem derivados de lesões no cérebro. Em 1891, Freud publicou um texto chamado *Sobre a concepção das afasias,* no qual retomou e criticou as teorias que predominavam à época sobre o tema. Ele acreditava que a principal falha das concepções vigentes é que careciam de uma compreensão total de como a linguagem funcionava, tanto de forma saudável quanto patológica.

Com isso em mente, buscou explicar como os processos cerebrais ligados ao desenvolvimento linguístico eram comprometidos no quadro. Além de seu texto abordando a condição ter colaborado para os avanços da neurologia, também auxiliou o especialista a compreender elementos que, eventualmente, constituiriam suas definições sobre o funcionamento da mente como "associação livre". Isso porque, ao estudar o processo de funcionamento inadequado do aparelho comunicativo, Freud deu início a seu interesse e considerou a fala como um método de tratamento terapêutico. Em contato com Charcot, também foi apresentado ao conceito de histeria, uma condição que definia casos de transtornos psíquicos, e ao tratamento de hipnose, processo de indução que era utilizado para combater distúrbios. Ambos os temas teriam importância significativa na trajetória do psicanalista posteriormente. Ao se consolidar como médico, o austríaco tinha um caminho determinado e passou a atuar profissionalmente no combate a "doenças nervosas".

Entretanto, foi em função dos contatos que estabeleceu com o médico e fisiologista austríaco Josef Breuer, um antigo amigo de faculdade, que daria passos determinantes em direção ao desenvolvimento da psicanálise. Entre 1880 e 1882, Breuer tratava, por meio da hipnose, o quadro de histeria da austríaca Bertha Pappenheim, mais conhecida pelo pseudônimo Anna O.

Durante as sessões, a paciente era capaz de falar sobre memórias afetuosas que estavam recalcadas e lhe causavam sofrimento. Quando fazia isso, seus sintomas eram amenizados. Ao ter contato com a prática, Freud buscou se aprofundar no mecanismo de revelações inconscientes, apropriando-se do recurso para fundar a associação livre.

Cura pela fala

Tendo em vista que entender a mente humana não é das tarefas mais simples, os caminhos adotados por Sigmund para investigar a mente variaram entre diversas frentes. Ao observar que a hipnose não oferecia resultados apropriados, ele notou que havia necessidade de se obter um tratamento mais adequado para o combate ao quadro. O resultado desse processo de descobertas e experimentação de uma nova técnica rendeu frutos com a publicação do livro *Estudos sobre a histeria*, em 1895. Escrito em conjunto com Breuer, discutiam casos de histeria, a aplicação da técnica e os resultados obtidos.

No livro, foi divulgada a abordagem de associação livre, conhecida como cura pela fala, que apresentava resultados promissores nos tratamentos em questão. Para Freud, a definição da técnica significava um movimento definitivo destinado ao estudo aprofundado da psique. Com o método, ele definia como objetivo combater os distúrbios emocionais e popularizar uma forma única de gerar bem-estar. Ao promover a terapia, o psicanalista estabelecia a missão de investigar a mente de forma estruturada.

Benefícios da técnica

O desenvolvimento da psicanálise continuaria com o decorrer da trajetória do profissional. Ao publicar, em 1899, *A interpretação dos sonhos,* Freud aprimorou os ensinamentos trazidos em parceria com Breuer. De acordo com Freud, para que se tratasse um indivíduo de forma devida, era necessário que o analista acessasse as informações que não eram lúcidas para o paciente e que fazem parte de seu inconsciente. Entretanto, segundo o especialista, a mente detém alguns mecanismos defensivos que complicam esse objetivo, tornando necessário o desenvolvimento de uma relação de confiança entre o analista e o analisado.

Por conta disso, Freud escreveu sobre o fenômeno do recalque, apontando que há um procedimento mental de resistência ao falar 'tudo que vem à cabeça'. Assim, por mais que o propósito do indivíduo analisado seja obter um tratamento capaz de tratar alguns de seus transtornos, é importante que o profissional utilize sentimentos, pensamentos e estudos para atender o indivíduo de forma apropriada e desenvolver uma conexão. Para funcionar de maneira devida e render mudanças positivas no paciente, o pai da psicanálise instituiu que seria necessário mapear a psique em três regiões. Suas definições que tinham o propósito de oferecer um panorama do funcionamento mental foram nomeadas como ID, ego e superego. O primeiro é responsável por impulsos que visam à realização de desejos causados pela libido, o segundo se apresenta na personalidade do indivíduo, realizando ou reprimindo as vontades afloradas pelo ID de acordo com os valores pessoais. O terceiro, híbrido entre consciência e inconsciência, funciona como o inquisidor da psique por meio das leis morais e éticas a que o sujeito é exposto.

A importância do pensamento freudiano

Apesar de ter difundido grande parte de seus conceitos no início do século XX, e acompanhado diversas transições políticas, sociais e culturais do período, a exemplo do surgimento da Alemanha nazista que o obrigou a se refugiar na Inglaterra, fugindo de Viena, na Áustria, em 1938, Sigmund Freud alcançou o impressionante mérito de manter-se alvo de discussões constantes.

Isso é resultado de um processo: as teorias e conclusões do pai da psicanálise se eternizaram com o passar dos anos. Sua visão interpretativa dos sonhos e a influência do desejo sexual nas decisões humanas foram elementos revolucionários na compreensão do inconsciente. Além disso, as contribuições do austríaco também são responsáveis pela disseminação de pesquisas sobre a importância da técnica dialogada no tratamento psicológico.

Outro elemento inegável é a repercussão que a sua concepção sobre os fenômenos psíquicos gerou no desenvolvimento de teorias formuladas pelos novos estudiosos da mente. Como inúmeros teóricos apontam, após a publicação do livro *A interpretação dos sonhos*, um novo período dos estudos psicológicos foi iniciado e persiste até hoje. Inclusive, figuras de destaque como Jacques Lacan, Melanie Klein e Anna Freud foram fundamentalmente influenciadas pelas concepções concebidas por Sigmund.

PARA FIXAR NA MEMÓRIA

- A psicanálise surgiu na Europa da virada do século XIX, mais especificamente em Viena, na Áustria;
- Sigmund Freud é considerado o pai da técnica devido ao papel fundamental que teve em seu desenvolvimento;
- Envolve-se com a neurologia. Por meio desse contato, definiu seu interesse pelos estudos de quadros mentais;
- Ao estudar transtornos como a histeria e afasia, utilizou a técnica de hipnose. Entretanto, após ter contato

com o fisiologista Josef Breuer, desenvolveu a técnica de associação livre;

- Em conjunto com o desenvolvimento de estudos voltados aos fenômenos inconscientes, a definição do método de cura pela fala deu origem à psicanálise.

2

OUTROS PSICANALISTAS

Apesar de Sigmund Freud ter sido de extremo valor para o desenvolvimento da teoria da psicanálise, existiram diversos outros especialistas que, ao longo de suas carreiras, propuseram-se a evoluir as abordagens do austríaco. Tudo em torno de um objetivo comum: o aprimoramento da técnica.

Ao lançar o livro *A interpretação dos sonhos*, o psiquiatra deu os primeiros passos em direção a um estudo profundo dos fenômenos conscientes e inconscientes, buscando com isso gerar uma melhor compreensão sobre os fenômenos psíquicos e suas origens.

Mesmo que atualmente seja uma figura considerada controversa, alvo de questionamentos em determinados aspectos de sua teoria, o pai da psicanálise teve uma importância histórica que ultrapassou os limites de sua técnica, estendo-se para a psicologia e também para a compreensão da humanidade em um âmbito geral. Por mais que seja um desafio causar melhorias a uma carreira com tamanho prestígio, psicanalistas como Sándor Ferenczi, Hermine von Hug-Hellmuth, Erich Fromm, Melanie Klein, Hermann Rorschach, Anna Freud, Donald Winnicott e Jacques Lacan trouxeram valiosas contribuições e revisões para a perspectiva freudiana. Saiba mais a seguir.

Sándor Ferenczi

Nascido em 1873 na cidade de Miskolc (localizada no nordeste da atual Hungria), rumou para a capital Budapeste, onde desenvolveu seus mais significativos estudos e trabalhos. Em Viena, graduou-se em medicina aos 21 anos na Universidade de Viena e, 14 anos depois, conheceu Sigmund Freud, fato determinante para sua carreira. Apesar de ser quase sempre referido como um clínico brilhante e figura de destaque na primeira geração da psicanálise, Sándor Ferenczi não conquistou a mesma fama de outros membros desse movimento.

Sua contribuição foi importante para aprimorar os métodos envolvendo a prática analítica. Nela, desenvolveu dois conceitos relevantes: a técnica ativa, na qual o psicanalista fala sobre sua experiência e sentimentos com o paciente, e a análise mútua, em que ele conta sobre sua própria análise para quem for analisado. Sándor também lutou pela organização da psicanálise enquanto classe, sendo um dos principais idealizadores da International Psychoanalytical Association (Associação Internacional de Psicanálise). Na atualidade, ao lado do psicanalista e pediatra Winnicott, é considerado de extrema importância para a análise clínica de traumas.

Hermine von Hug-Hellmuth

Embora os nomes de Melanie Klein e Anna Freud sejam as maiores referências populares quando o assunto é psicanálise infantil, a austríaca Hermine von Hug-Hellmuth, nascida em Viena no ano de 1871, também teve um papel destacável no assunto.

Entretanto, como a análise de seu principal paciente, Rudolf, filho de sua irmã Antonie, acabou lhe rendendo um fim trágico, Hermine teve suas teorias ofuscadas. Isso porque, depois de render escritas polêmicas, a relação acabou estremecida, fato que conferiu a ela acusações de maus-tratos e motivou seu assassinato pelo sobrinho tempos depois.

Entre suas principais contribuições, Hermine buscou comprovar as teorias de seu mestre por meio da observação. Acreditava que os sentimentos desenvolvidos durante a infância são caracterizados por egoísmo e que esse princípio persegue o indivíduo até que ele atinja a maturidade. Quanto ao estudo do inconsciente, tema primordial para a psicanálise freudiana, Hermine afirmava que os filhos não falariam sobre seus conflitos internos ou informações recalcadas com os pais. Dessa forma, aconselhou os pais de que seria uma tarefa fora de seus respectivos alcances compreender seus filhos.

Erich Fromm

Nascido em Frankfurt, na Alemanha, em 1900, e originário de uma família de judeus com tradição ortodoxa, interessou-se por política logo na adolescência, aos 15 anos, até mesmo antes de cursar direito e filosofia na Universidade de Frankfurt. Após presenciar a morte de uma amiga aos 25 anos, Fromm passou a desenvolver uma psicanálise prática e funcional. Afinal, apostava que o papel da análise seria proporcionar ferramentas para o sujeito consolidar sua autonomia, adotando posturas respeitosas e positivas na sociedade e replicando-as na vida pessoal.

Motivado pelo pensamento marxista, o psicanalista acreditava que a humanidade é movida pela necessidade de consumo. Para escapar desse determinismo, é essencial que o indivíduo seja capaz de desenvolver uma personalidade caracterizada pela produtividade e por relações sociais engrandecedoras — outro ponto de destaque do pensamento do psicanalista —, em vez de o cultivo de bens e posses.

Com influências de prestígio, adotou uma linha psicanalítica crítica a partir de 1922. Ao desenvolver uma linha de abordagem relacionada à sociedade, Fromm foi fortemente afetado por momentos de significância histórica em sua época, como a Primeira Guerra Mundial e a Grande Depressão de 1929.

Melanie Klein

Uma das principais expoentes do pensamento da segunda geração psicanalítica mundial, a psicanalista austríaca deu origem a uma das grandes correntes do freudismo: o kleinismo. Nascida em Viena, na Áustria, no ano de 1882, viveu alguns conflitos familiares com a mãe. Entretanto, após deparar-se com a obra de Freud *A interpretação dos sonhos,* definiu o caminho psicanalítico para si. Muito fiel à teoria freudiana do inconsciente, Melanie Klein observou que sua manifestação na clínica, para o adulto, acontece pela fala, enquanto, com as crianças, é possibilitada por meio do brincar.

Sendo assim, se as pessoas mais maduras conseguiam se expressar verbalmente, as brincadeiras, de acordo com a pensadora, seriam uma forma de estabelecer contato e interpretar os conteúdos mais profundos da mente durante a infância — princípio utilizado até os dias atuais com esse público. Embora a aplicação dos momentos lúdicos para o uso da psicanálise tenha dado origem a um método revolucionário e pioneiro sobre o inconsciente infantil, outras ideias de Klein sacudiram a comunidade científica, a exemplo da inovação ao afirmar que, desde o nascimento, a relação entre mãe e bebê pode gerar na criança sentimentos de inveja, ciúme, angústia e destruição.

Hermann Rorschach

Nascido na cidade suíça de Zurique, no ano de 1884, Hermann Rorschach entrou em contato, desde cedo, com os famosos borrões de tinta que viriam a basear sua maior contribuição para os estudos da psicanálise. Na infância, provavelmente inspirado pela profissão de pintor e decorador de Ulrich, seu pai, ele gostava de um jogo chamado Klecksografia, que consistia em criar poemas, histórias ou desenhos com base em uma série de manchas de tinta borradas em uma folha de papel.

No teste Psicodiagnóstico, conhecido como teste de Rorschach, cada uma das pranchas possui uma mancha espelhada que cria uma forma abstrata e simétrica. A maioria delas se constitui de borrões pretos e cinzas com sombreados, enquanto algumas apresentam detalhes em vermelho e outras são inteiramente coloridas. Além da figura que o paciente vê, o aplicador analisa se há relato de sensação de movimento (aparenta mover-se de dentro para fora ou o contrário). Afinal, o objetivo do teste é informar sobre a estrutura de personalidade e percepção do paciente.

Anna Freud

Em 1895, a última filha de Sigmund e Martha Freud chegou a um mundo que, em breve, seria transformado pelas teorias do pai. Afinal, no ano de 1896, o psicanalista contou ao médico alemão e seu amigo Wilhelm Fliess, por meio de cartas, que havia começado a anotar e analisar seus sonhos, buscando definir a natureza de suas manifestações mentais — o que daria origem ao livro *A interpretação dos sonhos*

Em sua obra mais famosa, Anna Freud aprimorou os conceitos estabelecidos pelo pai. Em seu livro *O ego e os mecanismos de defesa,* publicado em 1936, apresentou sua teoria a respeito das ferramentas que o ego (imagem aceitável da personalidade) utiliza para se proteger de situações desconfortáveis. Presentes tanto em crianças quanto em adultos, os mecanismos de defesa podem ser úteis quando controlados. Entretanto, surgindo de forma desregrada, são capazes de causar, no sujeito, incapacitações para lidar com a realidade, contribuindo para o desenvolvimento de distúrbios emocionais. Alguns deles são: negação, projeção, regressão e deslocamento.

Donald Winnicott

Para o pediatra e psicanalista inglês, nascido na cidade de Plimude, em 1896, os aspectos psicológicos eram tão importantes para a saúde quanto o bom funcionamento dos órgãos. Fundador da influente escola winnicottiana, foi aceito como candidato a analista na Sociedade Britânica de Psicanálise, em 1927; entre 1956 e 1965, tornou-se presidente da instituição. Acreditava que era essencial inicialmente empreender estudos à saúde para depois compreender a doença.

Dessa forma, atentar-se aos aspectos emocionais da vivência humana é valioso para obter um bom equilíbrio para a saúde. Em sua teoria, Donald Winnicott diz que, no início da vida, há uma tendência inata à integração e que tal disposição só se desenvolverá caso exista um ambiente facilitador, propiciado pela mãe ou por um responsável.

Além disso, vale notar que ainda não é possível falar sobre uma relação entre mãe e bebê, já que, para a criança, a mãe não é um sujeito ou objeto separado de si mesma. Ele precisa primeiramente entrar em contato com as diversas tarefas do existir humano, sendo uma delas, talvez a mais importante, começar a ser ele mesmo.

Quando nasce, o bebê ainda não é uma pessoa capaz de se relacionar com outra, isso porque ainda não é constituído como um ser que sabe de si e pode viver sozinho. A criança se encontra em um estado inicial de não integração: ela é a somatória dos cuidados que recebe. Nesses primeiros meses, é fundamental que alguém facilite diversas vivências, uma vez que elas formam o indivíduo com o passar do tempo.

Jacques Lacan

Lacan é considerado, por muitos especialistas, o maior psicanalista depois de Freud. Nascido na capital da França, em 1901, o pensador, apesar de adotar os fundamentos de Freud, a quem anunciava uma grande admiração, utilizou a relação entre a linguagem e a psicanálise como seu principal instrumento de trabalho. Ao utilizar o método estrutural, baseou-se em conceitos do suíço Ferdinand de Saussure.

Apesar de propor uma relação com a antropologia e linguística, Lacan afirmava que a psicanálise é uma ciência autônoma, capaz de revelar importantes informações.

Nesse contexto psicanalítico, fundamentado pelo estruturalismo e pela linguagem, o desejo humano é enunciado por meio da metonímia — a substituição de um termo por outro que tenha sentido semelhante. Portanto, pensando na linguagem, o desejo vai ser deslocado, substituído e movimentado pela relação que o sujeito tem com a fala, alterando-se.

Vale lembrar, porém, que apesar do grande impacto da antropologia e da linguística na reestruturação proposta por Lacan, a psicanálise tem seus próprios processos e fala por si só. Lacan dizia que a linguística fornecia o material da análise ou o aparelho com que nela se opera. Dessa forma, o inconsciente se expressa por meio da linguística, entretanto não se altera de acordo com ela.

PARA FIXAR NA MEMÓRIA

- Responsável pelo desenvolvimento da técnica ativa e da análise mútua, Sándor Ferenczi não teve o mesmo reconhecimento que outros psicanalistas;
- Umas das primeiras psicanalistas a abordar a psique infantil, Hermine von Hug-Hellmuth teve suas teorias ofuscadas pelo fim trágico: foi assassinada pelo próprio sobrinho;
- Erich Fromm relacionou a psicanálise a fenômenos sociais;

- Psicanalista infantil, Melanie Klein apontou que as crianças são capazes de expressar sentimentos por meio de brincadeiras;
- Hermann Rorschach compreendia que, a partir de borrões, era possível identificar características da personalidade do paciente;
- Filha do pai da psicanálise, Anna Freud se destacou pela formulação dos mecanismos de defesa;
- Para Winnicott, os aspectos psicológicos eram tão importantes para a saúde quanto o bom funcionamento dos órgãos;
- Um dos principais discípulos de Freud, Jacques Lacan adaptou conceitos freudianos à linguística.

3

JUNG E OUTROS DISSIDENTES

Desde a publicação do livro-base para a psicanálise, Sigmund Freud reuniu — e reúne até hoje — milhares de seguidores de suas ideias. Assim como atraiu adeptos, o austríaco também colecionou uma legião de dissidentes. Muito disso em razão da sua personalidade alegadamente autoritária, responsável por uma maneira intransitiva de receber questionamentos de seus seguidores a respeito de sua obra.

Por mais que tenha vivenciado relações de proximidade com eles, este fato não foi suficiente para manter Sigmund em consonância com seus colegas.

No entanto, mesmo se afastando da teoria freudiana, esses "desafetos" foram responsáveis por importantes formulações e, até mesmo, por fundar vertentes completamente separadas da psicanálise, como é o caso da psicologia analítica de Carl Jung.

Carl Jung

Nascido em Kesswil, na Suíça, Carl Gustav Jung desenvolveu seu interesse pelo funcionamento da psique, inicialmente, ao cursar medicina na Universidade de Basileia. Após ter contato com as produções de Freud no ano de 1901, consolidou sua afeição pelos estudos da mente e, não muito tempo depois, passou a trocar cartas com o austríaco — no total, foram 359 correspondências durante os duradouros anos de amizade. O suíço chegou a ser considerado seu sucessor natural por Freud.

O primeiro contato entre os dois estudiosos já demonstrava o companheirismo que viria: Jung enviou uma edição de seu livro *A psicologia da demência precoce* — referente ao quadro conhecido atualmente como esquizofrenia — para o austríaco. Em retorno, recebeu uma carta na qual Sigmund afirmava não só aprovar o conteúdo da obra, mas também já ter seu próprio exemplar. A partir daí, marcaram de se encontrar pessoalmente e passaram mais de 13 horas seguidas discutindo ideias.

Ruptura com Freud

A amizade, contudo, teve prazo de validade. Em 1912, com a publicação da obra *Transformações e símbolos da libido*, Jung deixou claro seu posicionamento a respeito de um assunto polêmico. Se, para Freud, a libido se configurava como a força motriz da vida, impulsionando e movendo as ambições do indivíduo, para Jung, a sexualidade não poderia ser a única, nem a mais forte, das misteriosas forças que guiam o ser humano. Mais importante ainda, Carl considerava que as interações sociais e as crenças religiosas eram subestimadas pelo austríaco, que via nessa última nada mais do que uma espécie de neurose coletiva.

Com isso, o suíço foi expulso da Associação Psicanalítica Internacional, órgão em que Sigmund tinha expressiva influência, e, assim, impulsionou a criação da psicologia analítica — também chamada de psicologia junguiana, em homenagem ao fundador. Afinal, a partir de então, Jung passou a dedicar-se à formulação de conceitos como inconsciente coletivo, arquétipos e religiosidade. Dessa forma, a separação entre ambos orientou inúmeras e importantes inovações no estudo da psique.

De acordo com a teoria de Jung, constituindo mais um ponto de divergência com a psicanálise, a psique humana é dividida entre consciente, inconsciente pessoal e inconsciente coletivo. Esse último considera que, durante milhares de anos de existência, os seres humanos construíram — por meio de herança genética, cultural etc. — uma espécie de universo à parte, imaterial e impossível de ser quantificado, que reúne símbolos e ideias comuns a toda a humanidade.

Alguns desses símbolos seriam os arquétipos. Por exemplo, todas as pessoas tiveram, necessariamente, uma mãe; logo, construiu-se uma imagem, um símbolo, do que é ser mãe. Esse arquétipo é passado por meio de gerações e constitui parte do conhecimento obtido por intermédio do inconsciente coletivo.

Outro ponto essencial para a psicologia analítica é o conceito de individuação, que considera o fato de que cada indivíduo busca, ao mesmo tempo, pertencer à sociedade e ser diferente de todos os outros. Dessa maneira, acontece uma luta interna entre aquilo que é inerente a cada pessoa e aquilo que a sociedade aceita como comportamento. Então, o paciente que será tratado por essa vertente deve aprender a integrar em si todos esses aspectos para atingir a felicidade e a realização pessoal.

Otto Rank

Nascido em Leopoldstadt, distrito perto de Viena, capital da Áustria, Otto Rosenfeld (nome de batismo) chegou a ficar conhecido como um dos discípulos favoritos de Freud. Não à toa, consolidou-se rapidamente no círculo da Associação Psicanalítica Internacional e marcou seu nome como um dos mais influentes da psicanálise. Apesar disso, também foi fortemente criticado e alvo de preconceitos. Segundo relatos, seus traumas de infância afetavam seus comportamentos de maneira que muitos o consideravam e taxavam como maníaco-depressivo, desconsiderando suas contribuições e teorias.

Diagnosticado quando pequeno com reumatismo articular agudo, conviveu com dores físicas permanentes no corpo. Além da doença, Otto foi alvo de traumas que incluíram atos de violência física praticados pelo pai alcoólatra e uma tentativa de abuso sexual por parte de outro adulto com proximidade familiar.

Por consequência, aos 20 anos, o psicanalista começou a conviver com distúrbios psicológicos que o seguiram por toda a vida adulta. Entretanto, sendo um admirador da literatura e filosofia, buscou saídas em sua capacidade intelectual. Buscando independência da figura do pai, com quem tinha problemas de relacionamento, aliado a sua paixão pela leitura, adotou o pseudônimo Rank, pelo qual ficou conhecido, baseado em um personagem da peça de teatro norueguês *Casa de bonecas*.

Após a leitura de *A interpretação dos sonhos*, de Freud, em 1905, Otto se aprofundou no tema e passou a participar das reuniões do grupo de estudo do pai da psicanálise. Vivendo em Viena e praticando a profissão de analista, passou a demonstrar um comportamento melancólico, reflexo de seus transtornos. Depois de discordar de alguns conceitos da Associação Psicanalítica Internacional, Rank passou a trilhar seus próprios caminhos.

Em 1924, lançou uma de suas obras de maior popularidade — também uma das mais polêmicas de sua carreira —, *O trauma nascimento*, na qual estabelece a ideia de que todos os indivíduos sofrem um grande trauma no momento em que nascem e nutrem o desejo inconsciente de voltar ao útero materno.

Entre suas principais críticas aos preceitos freudianos, encontrava-se o interesse que tinha nas figuras do materno e também do feminino, o que, conforme apontou, era um item menosprezado por Freud e sua teoria, fundamentalmente conectado com as imagens do pai e falocentrismo.

No ano de 1926, Rank desenvolveu uma teoria a respeito da "terapia ativa", que buscava estabelecer o pensamento do paciente nos dilemas do presente, ao contrário das tendências da época, que inseriam a pessoa nos quadros do passado e no inconsciente. Conforme foi apontado, essa postura seria capaz de introduzir o indivíduo com distúrbios em uma nova lógica positiva, que o capacitaria a enfrentar desequilíbrios com maior eficiência.

Alfred Adler

Nasceu em 1870, em Viena, com um quadro de raquitismo que exigiu muito esforço para realizar tarefas corporais simples e que o impediu de andar antes dos quatro anos de idade. Adler também tinha dispneia, patologia que lhe gerava desconforto ao respirar. Currículo, no entanto, não lhe faltava: formou-se em medicina, psicologia e filosofia antes de dedicar-se à psiquiatria e a trabalhar com Freud. Enquanto esteve junto de Sigmund, Alfred contribuiu com profundos questionamentos a respeito da teoria que estava sendo criada pelo austríaco e seus discípulos.

Ele foi responsável por desenvolver teorias como o sentimento de inferioridade e compensação, nas quais os impulsos básicos do ser humano eram a necessidade por autoconhecimento e pertencimento social — que, caso não fossem cumpridos, originariam os complexos.

Em um primeiro momento, os conceitos foram bem conciliados com os de Freud. Contudo, posteriormente foram amplamente contestados, pois Adler não acreditava que a sexualidade seria a origem exclusiva das neuroses, o que levou ao afastamento definitivo entre Adler e a psicanálise, em 1911.

Mudou-se para os Estados Unidos, em 1935, onde participou de centros de orientação infantil vinculados a escolas estatais. Também debruçou-se sobre o papel que o contexto familiar e social é capaz de exercer sobre os indivíduos, criando a vertente da psicologia do desenvolvimento individual.

PARA FIXAR NA MEMÓRIA

- Muitos dos seguidores fiéis de Freud acabaram se separando do austríaco por discordarem, principalmente, do papel da libido como exclusivo no desenvolvimento das neuroses;
- Além de terem contribuído no desenvolvimento da psicanálise, esses dissidentes também abriram caminhos para outras vertentes, como a psicologia analítica, de Jung, e a psicologia do desenvolvimento individual, de Adler;

- Carl Jung é conhecido até hoje por sua contribuição devido, principalmente, à formulação das teorias do inconsciente coletivo, dos arquétipos e do valor dos símbolos;
- Otto Rank propôs que todos os indivíduos sofrem um forte trauma no momento do nascimento e alimentam a vontade inconsciente de retornar ao útero materno;
- Alfred Adler acreditava que, em vez da libido, a principal força responsável pelas neuroses e complexos da psique humana é a necessidade por autoconhecimento e pertencimento social.

4

CONCEITOS

Imagine que você está sentado, comendo, em meio a uma praça, um parque ou um restaurante, com muitas pessoas, conversas, objetos e acontecimentos ao seu redor. Enquanto seu foco está voltado à refeição, existe uma porção da sua mente captando o rosto, as vozes, as roupas dos indivíduos em que você não está prestando atenção, as sensações que aquele local gera e muitas outras informações que ficam armazenadas no seu inconsciente. A partir desse momento, tais percepções ficam gravadas e passam a fazer parte do seu repertório pessoal, que pode ser acessado de maneira direta ou indireta.

Quando transferimos essa ideia para o território da psicanálise, é possível encontrar uma vasta produção teórica e aplicação clínica a respeito do tema. A partir da percepção desse processo oculto que ocorre a todo o momento, Sigmund Freud desenvolveu uma série de conceitos que buscam esquematizar o funcionamento da psique, tanto consciente quanto inconsciente, assim como sugerir a fonte de energia que move esses mecanismos.

Consequentemente, também dirigiu esforços no desenvolvimento de uma linha de tratamento e possível cura de diversos quadros patológicos da mente.

Inconsciente

É importante destacar, de início, que não foi Sigmund Freud quem "descobriu" o inconsciente. Ele formulou um campo de estudos sobre a psique estruturada nesse conceito — a psicanálise —, assim como se preocupou em delimitar o que acreditava ser esse lado inacessível da psique humana. O austríaco ainda foi o pioneiro em relacionar os conteúdos inacessíveis da mente aos transtornos e conflitos emocionais.

Segundo ele, o surgimento de um quadro psicológico acontece por uma razão; cuja qual, invariavelmente, passa pelo inconsciente.

A psicanálise, então, foi formulada para ser um método que visa investigar, desvendar e entender o inconsciente a fim de tratar as psiconeuroses. Mas como? Freud afirmou que existem alguns mecanismos de defesa inconscientes que não permitem a comunicação direta com essa parte da mente e sugeriu que os psicanalistas deveriam esquivar-se desses impedimentos, de maneira a ajudar o paciente a compreender os produtos subconscientes da própria mente.

Dessa forma, seria possível ao indivíduo inserir-se em uma rotina mais balanceada e consciente das suas virtudes e problemáticas.

Para tanto, Sigmund estruturou a psique em três "níveis de profundidade": consciente, pré-consciente e inconsciente. Vinculada popularmente à imagem de um iceberg, conforme aponta a psicanálise, a mente humana tem um funcionamento que leva em conta tanto fenômenos visíveis e aparentes quanto mistérios que habitam um terreno profundo. Este último, inclusive, capaz de absorver elementos aos quais o indivíduo nem sequer prestou atenção e que são indiretamente acessíveis via análise.

A psicanálise, nesse contexto, foi formulada para se tornar um método que visa investigar, desvendar e entender os mistérios da mente. A partir desse processo, o indivíduo poderia obter equilíbrio.

As instâncias da psique

Depois de separar a mente de acordo com a distância entre inconsciente e consciente, Sigmund Freud chegou a três mecanismos hipotéticos que serviriam como pilares para definir o funcionamento da psique.

Em constante funcionamento, as instâncias buscam satisfação própria e, seja por meio de desejos, leis ou ponderações, estão envolvidas em uma contínua oposição. Portanto, o indivíduo e seus comportamentos seriam resultado desse embate frequente. São elas:

ID – Com operação totalmente inconsciente, advém dos nossos instintos relacionados ao princípio do prazer e do processo de pensamento primário (onipotência, onisciência, onipresença). Assim, é possível definir essa instância como um reservatório de energia com pura potência que visa à realização do desejo do indivíduo.

Ego — Trata-se da figura central da personalidade: controla os impulsos do ID, realizando-os quando possível ou reprimindo-os quando não são socialmente aceitos. Existente tanto na consciência como no inconsciente, o ego é uma instância que também se originou do ID, mas sofre a influência do meio externo.

Superego — É o inquisidor da psique, responsável por impor os costumes pessoais, as normas culturais, as leis morais e éticas no aparelho psíquico; balanceando o ID e o ego ao gerar sentimentos de repressão, como culpa e medo de punição. Está presente tanto no inconsciente como na consciência.

Mecanismos de defesa

Sigmund Freud teorizou a existência de ferramentas desenvolvidas pela psique. De acordo com as contribuições de Anna Freud, filha de Sigmund e também psicanalista, esses sistemas funcionam como um método de preservação do indivíduo, que atuam retirando alguns conteúdos — principalmente os mais difíceis de lidar, como traumas, agressões, falhas e constrangimentos — da parte consciente da mente. Apesar de funcionarem de maneira inconsciente, esses processos são gerados no ego, evitando excessos pulsionais do ID e prevenindo os que provêm da realidade. Além disso, existem diversos modos de atuação desses mecanismos. Alguns deles são:

Recalque — Por mais que atualmente seja um termo utilizado para definir uma pessoa com o sentimento de inveja, o recalque, como concebido pela linhagem freudiana, trata-se de um processo que se aplica a uma pulsão do inconsciente de modo a mantê-la nessa instância. O fenômeno é uma barreira na qual essas pulsões — prejudiciais à estabilidade psicológica — são freadas. Daí o prefixo "re", que denota a repetição, o vai e vem na tentativa de se manifestar.

Repressão — Esse mecanismo torna-se aparente quando um sentimento negativo em relação a uma pessoa, uma ideia ou um evento é reprimido e não alcança a consciência. Por vezes, a repressão pode se originar por conta de sentimentos morais ou éticos conflitantes que coloca a mente do indivíduo em uma situação de estresse. Em um caso clássico de Freud, a paciente comemora secreta e inconscientemente a morte da irmã, pois deseja o cunhado. Como esse tipo de conteúdo reprimido não é eliminado do inconsciente, pode haver consequências: a transformação de sentimentos em desequilíbrios.

Sublimação — Esse tipo de atividade não tem uma relação aparente com a sexualidade, mas extrai sua força da pulsão sexual e a desloca para um alvo não sexual, investindo em objetos socialmente valorizados. Por exemplo, uma mulher que não pode ter filhos sublima esse afeto em bichos de estimação. Também é um mecanismo usado por artistas que expressam sentimentos sufocantes por meio da arte.

Negação — Vinculada ao ímpeto de buscar equilíbrio, a psique estabelece ferramentas que ignoram fatos que causam mágoas. Ao presenciar a morte de um ente querido, por exemplo, uma das manifestações mais comuns é desconsiderar o acontecimento, negando-o a princípio.

Projeção — É um processo em que o ego busca se livrar de uma sensação insustentável da consciência de um indivíduo, projetando-a em algo ou alguém de forma a diminuir sentimentos negativos, como o de culpa. Por exemplo, um atleta sofre uma derrota e, em vez de atribuir o feito a si próprio, projeta o fracasso no treinador ou em algum equipamento utilizado.

Deslocamento — Significa que o sujeito realizou uma substituição do alvo ao qual aplicaria sua energia. Um pai que recebe uma bronca do chefe no trabalho e, em casa, grita com o filho por estresse, está deslocando a ação do alvo desejado (chefe) para um alvo substituto (filho), por exemplo.

Formação reativa — Apresenta uma tentativa de se proteger demonstrando externamente o oposto do que realmente está sentindo por dentro. Ou seja, esse mecanismo representa a mudança abrupta de algum comportamento. Agressividade excessiva com alguém pode ser consequência de um grande medo interior, por exemplo.

Transferência — É quando alguém desloca sentimentos e sensações tidas com pessoas do passado para outra. O objetivo é burlar a censura como se fosse um tipo de contrabando. Essas atitudes emocionais são inconscientes e podem ser positivas, negativas ou ambivalentes. Geralmente, são estabelecidas na infância, no contato com os pais ou familiares. Ao passar por experiências de violência na infância, por exemplo, o indivíduo pode desenvolver problemas com figuras de autoridades que podem persegui-lo nos âmbitos profissional e escolar.

Sonhos

Se, na psicanálise, o inconsciente é elemento central, o caminho para chegar a ele é quase tão importante quanto o próprio. Como afirma Freud na obra *A interpretação dos sonhos*, "o sonho é a estrada real que conduz ao inconsciente".

O psicanalista defendia que as imagens oníricas eram o ponto de partida para as associações livres, que conduziriam os pensamentos escondidos por meio dos sonhos, sintomas, recalques e afins.

Por conta disso, os sonhos são considerados estruturas que ajudam a psique a se proteger e satisfazer, pois procuram o equilíbrio tanto somático quanto psicológico — por meio dos mecanismos de condensação e deslocamento. Eles podem ser vistos como uma forma de canalizar desejos específicos insatisfeitos, mas sem atiçar o comportamento no mundo real — na maioria das vezes, visto que tais conteúdos podem servir de inspiração na vida real.

Essas necessidades que serão satisfeitas pelas experiências oníricas podem não ser claras, ou, até mesmo, coisas que o indivíduo que sonhou não sabe que deseja. Por isso, seria papel do psicanalista utilizar a interpretação dos sonhos no tratamento.

Conteúdo manifesto

Na psicanálise, o processo de interpretação dos sonhos considera que todo o conteúdo onírico — que provém dos sonhos — se divide entre duas categorias. O conteúdo manifesto é tudo aquilo que aparece no sonho e se pode relatar dele, ou seja, toda e qualquer imagem que surja, mesmo que não faça sentido em um primeiro instante.

Inclusive, no momento em que o indivíduo verbaliza o sonho, já contamina o conteúdo manifesto original, pois tais experiências são análogas ao idioma, ocorrendo como se o próprio indivíduo dissesse algo para si mesmo em uma forma de comunicação não verbal.

Conteúdo latente

Quando se verbaliza o sonho, interpretações são feitas e preenchem lacunas do que se esquece na experiência onírica. Esse é o conteúdo latente: a suposição freudiana de que o material apresentado no sonho, no relato sobre ele e na associação livre a partir dele, possa advir de elementos do sonho que já operavam no indivíduo, mas que existiam de forma inconsciente e que serão interpretados e trabalhados pelo analista.

Libido

Para Freud, a energia vital e psíquica é regida pela libido. Esta é sempre, primariamente, substrato das pulsões sexuais. Ou seja, libido é desejo, inclinação, vontade, ânsia, apetite ou paixão. As pulsões seriam as forças psíquicas que nos movem, provenientes do ID e superego e explicitadas no ego. Esse foi — e ainda é — um dos assuntos mais polemizados e debatidos no que se refere à psicanálise, inclusive é motivo de muitas dissidências no ramo, por profissionais que não concordavam com o papel central atribuído por Freud à libido. No entanto, é importante ressaltar que o termo "sexual", no contexto psicanalítico, denota a função geral de obter prazer, e não necessariamente o ato a qual a denominação é vinculada.

Conforme já citado, para Freud, a energia vital e psíquica do ser humano é regida pela libido, que consiste no desejo, inclinação, vontade, ânsia, apetite ou paixão. A sexualidade é desenvolvida desde a infância. É a partir dessa ideia que Sigmund desenvolveu um de seus conceitos mais famosos: o Complexo de Édipo. Na visão do austríaco, durante a fase fálica do desenvolvimento, o menino direciona sua libido para a mãe, desejando-a. Ao mesmo tempo, enxerga em seu pai uma mistura de rivalidade e respeito, seguindo os moldes do progenitor para atrair a atenção materna. O processo das meninas seria o Complexo de Electra, no qual o alvo de atração é o pai, sendo a mãe a rival/espelho.

Fases do desenvolvimento

Em sua obra *Três ensaios sobre a teoria da sexualidade* (1905), Freud conceitua sobre a sexualidade na infância — e este foi um dos maiores motivos de controvérsia em sua publicação, principalmente no contexto da época.

- Fase oral: na etapa que compreende entre zero a um ano, a criança descobre o mundo pela boca, uma vez que a principal atividade do bebê é a amamentação. Além disso, os bebês passam a gostar das chupetas, dos mordedores e de partes do corpo, como os dedos e os pés;
- Fase anal: crianças entre um e três anos começam a entender como funciona seu sistema digestivo e começam a desfraldar. Com essa independência, se sentem orgulhosos e conseguem atrair a atenção dos pais;
- Fase fálica: nesse período da vida — de três a seis anos — a criança descobre as regiões

íntimas e passa a manipulá-las. Além disso, é quando os pequenos descobrem em qual gênero sexual se encaixam e vivenciam os complexos de Édipo ou Electra;

- Fase de latência: entre os seis anos até a puberdade, a criança passa por um estágio de calmaria, em que começa a se interessar por outras áreas da vida, como as brincadeiras, os hobbies e os estudos, por exemplo;
- Fase genital: a partir da puberdade, o adolescente passa a se descobrir sexualmente e a procurar um parceiro amoroso. Esse é o último estágio do desenvolvimento psicossexual, e a pessoa permanece nele por toda a vida.

Complexos

Quando há desequilíbrio em algumas das fases de desenvolvimento, o comportamento da pessoa adulta vai apresentar maior possibilidade de sintomas psiconeuróticos, estes ligados essencialmente a cada uma das etapas do amadurecimento.

A percepção de que os desejos não podem ser completamente saciados pelos pais é percebida logo nas primeiras etapas da formação da personalidade. Na fase da latência, a necessidade de transferir essas pulsões para outros meios em que possam ser realizadas começa a ocorrer. No entanto, esse percurso pode ser marcado por falhas e desencadear problemas nas relações.

Essas falhas podem, segundo Freud, se apresentar nos indivíduos de três maneiras diferentes, de acordo com a característica inata de cada pessoa: através da neurose, psicose ou perversão; presentes em todo ser humano, com diferentes predominâncias e graus.

A neurose se utiliza dos mecanismos de recalque e repressão, pois o indivíduo internaliza os problemas pessoais e externos, muitas vezes não sendo capaz de identificar de onde eles vêm. A psicose age de maneira oposta: os problemas internos são projetados no mundo, de forma que a pessoa enxerga no mundo suas complicações pessoais. A perversão se utiliza da negação: o alto grau da condição pode ser notado em indivíduos que não reconhecem seus erros e não sentem angústia por eles.

PARA FIXAR NA MEMÓRIA

- O conceito de inconsciente é central na psicanálise, sendo o "lugar" de onde surgem os complexos e as pulsões que regem a vida de todas as pessoas;
- Freud dividiu a psique em três instâncias de atuação — ID, ego e superego — que se encontram em três níveis de "profundidade": inconsciente, pré-consciente e consciente;
- Segundo a psicanálise, a psique se utiliza de mecanismos de defesa específicos que atuam em diversas situações,

como a negação de fatos, a projeção de problemas e outras técnicas;

- Para Freud, os sonhos são considerados como o caminho mais certo para acessar, indiretamente, o conteúdo do inconsciente. Assim, os psicanalistas interpretam o material onírico e identificam o que essa parte (diretamente) inacessível da mente tenta comunicar;
- A libido é outro conceito freudiano fundamental, uma vez que Sigmund considera a pulsão sexual como a força motriz do ser humano e, consequentemente, a origem da neurose, psicose e perversão.

5

NA PRÁTICA

Na psicologia, uma das técnicas mais difundidas é a caracterizada pela fala, na qual o paciente, por meio do diálogo, compartilha seus dilemas e é auxiliado a aprimorar seu bem-estar a partir de análises ou sugestões do profissional. Atualmente popular, a abordagem teve uma figura determinante para se consolidar: o psicanalista austríaco Sigmund Freud. No final do século XIX, quando começou a atuar como neurologista, o teórico decidiu concentrar seus estudos no tratamento de distúrbios mentais. Para isso, transitou entre diversos métodos — entre eles, a utilização da cocaína e a disseminada hipnose.

Sobre a última, ao ter contato com o neurologista francês Jean-Martin Charcot durante sua formação clínica, aderiu à hipnose como ferramenta de tratamento para a histeria (termo genérico para definir transtornos, principalmente em mulheres, proeminentemente utilizado durante século XIX e atualmente em desuso). Já em relação ao uso da polêmica substância, Freud passou a medicá-la, no início da década de 1880, para tratar quadros de histeria, melancolia ou dor, sendo deixada de lado por ele em 1895.

Enquanto adotava as técnicas, buscou questionar a eficácia aparente que tais alternativas ofereciam. Ao entrar em contato com o médico Josef Breuer, que realizava experimentos sobre o tema, descobriu uma metodologia que se adequava melhor ao objetivo de curar seus pacientes e possibilitava resultados promissores: a "livre associação de ideias".

O poder da palavra

Origem do livro *Estudos sobre a histeria,* em 1895, a relação entre Freud e Breuer foi de extrema importância para o estudo dos benefícios da livre associação e para a definição dos fundamentos da psicanálise. A partir das conversas que teve com Breuer, no qual ele relatou experiências clínicas que havia conduzido, Sigmund passou a dar valor às informações que os pacientes poderiam transmitir e ponderar por meio da fala. Nesse período, o psicanalista promoveu uma ruptura com a técnica hipnose. Como considerou, o tratamento tinha resultados pouco significativos, isto é, seus efeitos se mostravam limitados no combate às adversidades.

Dessa forma, o austríaco teorizou de forma mais complexa a técnica terapêutica, caracterizada pelo foco nos dizeres dos pacientes, possibilitando por parte deles a reflexão sobre seus próprios traumas em um espaço no qual poderiam se expressar livremente. Ao psicanalista, cabe o conceito de observação suspensa, definida no livro *O caso de Schreber,* artigos sobre a técnica e outros trabalhos, de 1911, como uma ferramenta que consiste em simplesmente não dirigir o reparo clínico para um acontecimento em específico da vida e da mente do paciente, mas em manter a mesma "atenção uniformemente suspensa" em face de tudo que se escuta durante a sessão.

Deitado no divã

Associada à prática em que o paciente e o psicanalista não têm contato visual — Freud acreditava que o analisado não deveria ter nenhum tipo de distração durante a consulta e, portanto, deveria ficar deitado no divã em um estado de reflexão —, a técnica criada pelo austríaco tem se mostrado mais flexível. Como o objetivo da prática é permitir que o indivíduo em convívio com transtornos tenha uma oportunidade de se conectar com ideias recalcadas que produzem os sintomas disfuncionais, existem diversos espaços e ambientes que podem proporcionar esse fim. Atualmente, além das clínicas privativas, a análise psicanalítica também tem ganhado força nos espaços públicos.

Afinal, antes de uma prática destinada a um espaço em específico, a psicanálise tem como o seu aspecto mais destacável o método que desempenha a busca profunda por uma mente saudável. Muitas vezes, os quadros não se manifestam de forma consciente e, por conta disso, não podem ser tratados como uma ferida exposta e aparente. Assim, o sujeito pode – por mais que não saiba – requisitar um tratamento que, em vez de solucionar pontualmente o quadro, empreenda uma análise investigativa sobre os motivos para o surgimento de sintomas. Dessa forma, torna-se possível para o paciente revisitar sua memória, ressignificando-a e passando a cultivar um estado de maior resolução com seus conflitos internos.

É possível fazer uma autoanálise?

A questão foi suscitada pelo próprio Sigmund Freud. Ao escrever a obra *A interpretação dos sonhos*, ele analisou os próprios sonhos de forma a compreender as manifestações de seu inconsciente. Durante o processo, contou com o auxílio de um amigo especialista que o auxiliou com uma perspectiva externa. Isso porque, para que a autoanálise ocorra, é importante que o profissional se isente de opiniões e demais julgamentos de caráter pessoal. Ou seja, o processo exige uma análise criteriosa, que pode, por virtude, ser crucificada pela parcialidade do profissional no processo de diagnosticar a si próprio.

Transtornos

A abordagem terapêutica na psicanálise compreende diversos distúrbios emocionais. Em um contexto que, conforme dados da OMS, ansiedade e depressão são transtornos que têm se destacado em termos numéricos nos diagnósticos mundiais — a depressão atinge mais de 300 milhões no mundo e a ansiedade, no Brasil, afeta mais de 18 milhões de pessoas —, técnicas de tratamento mental buscam suprir a demanda.

Apesar de os casos começarem a ser estudados como quadros específicos após as teorias de Freud serem divulgadas, sua obra já abordava alguns aspectos que possibilitaram à psicanálise se atualizar e compreender tais distúrbios com conceitos próprios, bem como os meios para conseguir superá-los.

Para entender como esses transtornos são tratados pela psicanálise, é preciso, antes, saber sobre um fundamento importante dessa vertente de estudos da mente. O ponto de encontro das duas formas de angústia é a libido, que se configura como uma força psíquica atrelada aos desejos humanos e responsável por mover o indivíduo na busca por satisfação daquilo que tem vontade. Quando em falta, o inconsciente do indivíduo atua com ferramentas para tentar suprir essa ausência de prazer, mesmo que a medida possa causar danos.

De acordo com a psicanálise, quando a rotina para de ser satisfatória, o inconsciente se esforça para retomar a sensação de prazer — mesmo que, para isso, precise causar conflitos e desequilíbrios. Um dos quadros que podem surgir quando ocorrem problemas com a libido é a ansiedade. Conforme os preceitos psicanalíticos, quando algum tipo de desejo é contido sem que se possa encontrar um meio conciliatório de satisfazê-lo, uma ânsia surge devido a essa repressão.

Os fatores que levam à contenção do desejo podem ser externos, quando alguma situação ou indivíduo, interfere na gratificação que é almejada; e internos, em forma de medos, traumas ou censuras carregadas na mente que impossibilitam a realização plena daquilo que se deseja.

Da mesma forma, encontra-se a depressão. Complexo, o distúrbio é visto pela psicanálise como uma combinação entre desordens físicas e psíquicas, originada de uma fonte de energia sexual em desgaste — o que impede o indivíduo de satisfazer seus desejos e, consequentemente, cuidar de sua relação com as pessoas. A intensidade manifestada na depressão pode variar conforme as formas que a mente encontra para lidar com essa perda de vontade. Em casos graves, podem surgir manifestações de forças conhecidas como pulsões de morte, que levam o indivíduo a cogitar saídas definitivas para o sofrimento.

Estudos de caso

No decorrer do campo psicanalítico, houve alguns casos emblemáticos para o desenvolvimento da prática e suas condições. Entre eles, as experiências de Emmy von N., Katharina, Elisabeth von R., Homem dos lobos, Lucy R. e Anna O. com Freud são as que mais se destacam. A essa última, credita-se o fato de ser uma das primeiras pessoas a compreender o potencial da técnica de livre associação de ideias. Originalmente Bertha Pappenheim, a austríaca teve o quadro emocional investigado inicialmente por Josef Breuer, colega de profissão de Sigmund nascido em Viena, na Áustria.

Bertha começou a apresentar os primeiros sintomas com o adoecimento de seu pai. Durante o processo de tratamento dele, alguns sinais já tornavam-se visíveis, o que foi agravado em 1881, quando ele faleceu. Nesse período, vários traços aparentemente desconexos surgiram, dentre eles:

falta de apetite, fraqueza, anemia, sono desregulado, estrabismo, tosse intensa, perda parcial dos movimentos e problemas relacionados à fala.

Coordenando o tratamento da paciente em conjunto com Breuer, Freud adotou a técnica de conversas. O que, conforme aponta Breuer no livro *Estudos sobre a histeria*, gerou resultados extremamente positivos: Anna O. descreveu no procedimento um potencial curativo significativo, se referindo à técnica como uma "limpeza de chaminé". As conclusões do caso, então, reforçaram a Freud o papel ainda não muito bem explorado das técnicas dialogadas e o motivaram em direção a um maior estudo do campo; fato que resultou na criação da livre associação de ideias.

PARA FIXAR NA MEMÓRIA

- Sigmund Freud atuou como neurologista e, em seus estudos sobre o tratamento de distúrbios mentais, transitou entre a utilização da cocaína e a disseminada hipnose;
- Ao observar a eficiência limitada das técnicas, o psicanalista teorizou a técnica terapêutica caracterizada pelo foco nos dizeres dos pacientes, possibilitando por parte deles a reflexão sobre seus próprios traumas em um espaço no qual podia se expressar livremente;

- A abordagem terapêutica na psicanálise compreende diversos distúrbios emocionais, tais como a ansiedade e a depressão. De acordo com a técnica, esses transtornos surgem em função de uma energia sexual em desgaste ou contenção;
- Existiram alguns casos emblemáticos para o desenvolvimento da prática psicanalítica e suas condições. Um deles, o da paciente Anna O., é importante pois, pela primeira vez, alguém descreveu na psicanálise um potencial curativo capaz de realizar uma "limpeza de chaminé".

6

CONTROVÉRSIAS

A sexualidade é tema central da psicanálise e, ao mesmo tempo, um dos mais polêmicos. Afinal, nem todos os psicanalistas e teóricos a veem da mesma maneira. Assim como em qualquer outra ciência, há divergências e convergências nas inúmeras teorias sobre a psique e, apesar de Freud ser considerado o pai da psicanálise, não foi o único a se debruçar sobre os estudos da sexualidade. Jacques Lacan e Carl Jung são exemplos de grandes teóricos da psicologia que divergiram da teoria freudiana em diversos aspectos, sendo que o primeiro permanece no campo da psicanálise, enquanto Jung fundou uma nova área de atuação.

Para Freud, a sexualidade humana não se reduz ao contato ou estímulo dos órgãos genitais de dois indivíduos. Toda conduta que, partindo de uma região erógena do corpo — boca, ânus, pele, olhos etc. —, gera certo tipo de prazer é considerada fonte sexual. Segundo Lacan, não há relação sexual; ele defende que o homem e a mulher nunca se encontram completamente, há sempre algo que sobra e isso faz fracassar toda esperança de complementaridade de parceiros. A relação com esse resto não é a mesma para os dois sexos, pois o homem é "todo" fálico e a mulher, "não toda". Daí, o que uma mulher espera do homem não é o que um homem espera de uma mulher.

Além disso, incrementa a visão interpretativa dos sonhos ao criar a categoria "sonhos de angústia" — uma confrontação do indivíduo com a realidade, que pode ou não ser aceito por ele.

Já Jung, além de divergir do papel central atribuído à sexualidade, também tinha visões diferentes quanto à formulação e ao papel dos sonhos, e acreditava que a função do analista deveria ser representada de maneira mais profunda, desenvolvendo uma relação que envolveria a subjetividade entre o analisado e o profissional.

Sonhos: satisfações ou mensagens?

Ao publicar *A interpretação dos sonhos,* além de lançar as bases para a técnica analítica que viria estruturar de forma mais proeminente, Sigmund Freud deu o pontapé a um novo objeto de estudos: os sonhos. Visto que, nas ciências que estudam o funcionamento da mente nos dias de hoje, o material onírico é quase sempre considerado um caminho para acessar as partes mais obscuras da psique, tornando a interpretação do que eles realmente são em algo fundamental — que continua sendo debatido —, é possível afirmar que a prática analítica ainda convive com o legado do austríaco.

Tanto a sexualidade quanto o inconsciente tiveram diferentes interpretações de estudiosos da mente. Para o pai da psicanálise, ambos os conceitos foram fundamentais para o desenvolvimento de sua teoria sobre a psique humana. Freud via nas experiências oníricas o escape de que o ego precisa para aliviar as pulsões que não se expressam na realidade. Ou seja, os impulsos do ID que são barrados pelo superego permanecem emanando e tentando o indivíduo a fazer algo que não seria aceito socialmente. Dessa maneira, os sonhos serviriam para descarregar esse acúmulo e, consequentemente, confeririam a possibilidade de que sejam interpretados para descobrir as pulsões secretas do sonhador.

Jung acreditava que o subconsciente, por meio do vasto "banco de dados" do inconsciente coletivo, se utiliza dos sonhos para se comunicar com o ego do indivíduo. A diferença entre essa concepção e a freudiana é que o objetivo da comunicação não seria apenas suprir desejos ocultos, mas também alertar, aconselhar e até predizer situações futuras para preparar a pessoa.

Por sua vez, Lacan compreende o ato de sonhar como o período em que nos deparamos com um forte sentimento de angústia. O francês acreditava que, durante as experiências, a real identidade de uma pessoa é revelada e, assim, torna-se clara uma premissa: somos incapazes de lidar com as características mais profundas que temos. De acordo com o francês, portanto, ao despertar, ironicamente, continuamos dormindo frente aos nossos ímpetos mais honestos que se manifestam durante o ato; algo que não conseguimos visualizar de forma consciente por não estarmos aptos para as revelações que esse material pode trazer à tona.

A polêmica da cocaína

Antes de formular as bases da psicanálise, Freud experimentou outros métodos de abordagem e tratamento de seus pacientes. Além de testar a hipnose durante certo tempo, o austríaco fez uso pessoal e receitou uma substância que, à época, não era ilícita: a cocaína. Sigmund acreditou que teria sucesso ao comprovar seus efeitos benéficos, pois fez uso pessoal e considerava que a droga poderia ajudar a combater sintomas de histeria, melancolia e dores no geral.

Freud utilizou a substância e também receitou a seus pacientes, a familiares e à própria noiva. Contudo, Freud começou a considerar o poder viciante da substância. Assim, entrou em contato com todos os pacientes aos quais havia receitado o uso e aconselhou sua imediata suspensão. Alguns membros da comunidade científica passaram, inclusive, a acusá-lo de ser irresponsável ao promover uma substância perigosa. Mesmo deixando de prescrevê-la, Freud manteve o uso pessoal por pelo menos 16 anos.

Contestações atuais

Apesar de ter o nome consolidado como uma das personalidades mais marcantes e influentes da história da ciência, o valor da contribuição de Sigmund Freud vem sendo cada vez mais contestado. Se, por um lado, os psicanalistas continuam aplicando seus métodos e defendendo a validade dos conceitos, por outro, há quem considere a obra freudiana apenas boa literatura — o médico, inclusive, já foi chamado de charlatão em algumas das opiniões mais duras sobre seu trabalho. É o caso do filósofo Michel Onfray, autor do livro *Le*

Crépuscule d'une idole, l'affabulation freudienne (O crepúsculo de um ídolo, a fábula freudiana). O francês compara a psicanálise a uma religião, devido à suposta falta de cientificidade de sua teoria. Segundo Onfray, o austríaco transformou suas experiências pessoais, instintos e necessidades fisiológicas em tese. Acusou-o de charlatanismo e de mentir sobre os resultados obtidos com seus próprios pacientes para mascarar as falhas presentes em sua técnica. Para ele, a psicanálise cura tanto quanto a homeopatia, o magnetismo, a massagem no arco do pé ou o exorcismo feito por um sacerdote.

No entanto, alguns especialistas refutaram o conteúdo compilado por Onfray alegando se tratar de um material que ignora diversos fatos e salienta meros rumores. Há também aqueles que defendem, afirmando que a técnica de Freud existe há mais de um século por possuir os três elementos constitutivos de uma ciência: teoria, método e resultado.

Psicanálise X Neurociência

As investigações científicas recentes contam com materiais tecnológicos para monitorar a atividade cerebral, recurso que oferece muitas respostas para a neurociência no que diz respeito ao funcionamento do órgão. Assim, esse campo identificou lacunas na teoria psicanalítica, já que, segundo esta, os transtornos mentais são causados por traumas e desejos reprimidos. Atualmente, já ficou provado que existem distúrbios com motivações fisiológicas do cérebro — a depressão, por exemplo.

Mesmo assim, há quem diga que Freud nunca abandonou a relação intrínseca entre o social, o psicológico e a biologia, pois se refere, em vários momentos na sua obra, aos acometimentos psíquicos em alguns pacientes como sendo constitucionais (tal termo seria o equivalente, nos dias atuais, ao que chamamos de genético). Ou seja, o pai da psicanálise observava padrões de comportamentos originados em uma constituição psíquica que ele acreditava ser uma tendência com a qual o sujeito nascera. Freud desenvolveu um projeto de neurologia, no qual ele intuía que o aparelho psíquico visava o equilíbrio das excitações vindas tanto de dentro quanto de fora.

Outra divergência entre essas duas esferas do saber são os sonhos. Sob o ponto de vista de Freud, as cenas que passam por nossa mente enquanto estamos dormindo são, basicamente, manifestações de desejos reprimidos no inconsciente. Já a neurociência afirma se tratar de uma espécie de ferramenta de organização e assimilação dos acontecimentos do dia — separando as informações que serão apagadas do cérebro daquelas destinadas à memória de longo prazo.

Além disso, há aqueles que acreditam na medicina como a responsável por resolver os problemas pela raiz: com o uso de substâncias químicas, é possível reverter diversos quadros patológicos. O contra-argumento se baseia no fato de que as dores existenciais não são tratadas com remédios e que a psicanálise atua de modo eficaz sobre problemas da constituição do sujeito, de maneira que os remédios seriam uma força imediata que se esgota caso o próprio indivíduo não mude. Assim, não seria possível comparar um problema químico com um de constituição da subjetividade — ainda que, em alguns casos, as duas complicações possam ser combatidas em conjunto. É inviável negar os avanços na medicina; porém, o bem-estar psicológico ainda exige a atenção especializada e cuidadosa de um profissional da mente.

PARA FIXAR NA MEMÓRIA

- Mesmo sendo reconhecido como uma das mentes mais brilhantes da história, Freud não idealizou uma teoria sem contestações — principalmente no que se refere ao papel da libido no desenvolvimento humano;
- Antes de formular as bases da psicanálise, Freud utilizou cocaína em si mesmo e receitou aos pacientes, pois apostou nos benefícios da substância no combate a dores e alguns quadros de transtornos da mente;

- Atualmente, pensadores como o filósofo Michel Onfray afirmam que Sigmund transformou suas experiências pessoais, instintos e necessidades em tese e tentou aplicar em todas as pessoas;
- Adeptos à psicanálise se defendem de tais críticas afirmando que ela possui os três elementos constitutivos de uma ciência: teoria, método e técnica;
- Outro ponto fundamental de divergência entre Freud e a ciência atual é que, de acordo com a neurociência, os sonhos não são meros mecanismos de satisfação pessoal; eles representam uma ferramenta de organização e assimilação dos acontecimentos do dia.

ESPECIALISTAS

Agatha Mayer Compani, psicóloga e psicanalista lacaniana;
Aline Peruch, professora do curso de psicologia da Faculdade Pitágoras de Linhares, no Espírito Santo (ES);
André Gellis, psicólogo e professor assistente do departamento de psicologia da Universidade Estadual Paulista (Unesp), em Bauru (SP);
Andrezza Ferrari, terapeuta ocupacional, hipnoterapeuta e especialista em psicologia junguiana;
Araceli Albino, psicanalista, presidente do Sindicato dos Psicanalistas do Estado de São Paulo e coordenadora do Núcleo de Pesquisa Psicanalistas (NPP);
Christian Dunker, psicanalista, professor titular do Instituto de Psicologia da Universidade de São Paulo (USP) junto ao Departamento de Psicologia Clínica e pós-doutor pela Manchester Metropolitan University. Atualmente é analista membro de

escola (A.M.E.) do Fórum do Campo Lacaniano. Em 2012, ganhou o prêmio Jabuti de melhor livro em psicologia e psicanálise com a obra *Estrutura e constituição da clínica psicanalítica;*

Claudia Brazil, psicanalista e coordenadora do Instituto Amas de Psicanálise e Terapias, em Fortaleza (CE);

Daniela Leal, professora do Programa de Pós-Graduação em Educação do Centro Universitário Moura Lacerda (CUML) e membro da Associação Brasileira de Pesquisadores em Educação Especial (ABPEE);

Débora Damasceno, psicanalista e diretora da Escola de Psicanálise de São Paulo;

Fabiana Ratti, psicanalista lacaniana e psicóloga;

Gisele Gomes, jornalista, psicanalista com experiência em atendimento clínico e professora de teoria psicanalítica freudiana na instituição RNA Psicanálise;

Joana Sanches Justo, psicanalista e docente de psicologia na Unoeste (SP);
João Vitor Wrobleski, pesquisador da psicanálise e dono do canal Filosofia da Psique no YouTube (disponível em https://bit.ly/2OSTXjE);
Júlia Bárány, psicanalista formada pela Sociedade Brasileira de Psicanálise Integrativa, diretora editorial e tradutora na Barany Editora;
Júlio Alves, psicólogo clínico e comunitário;
Kátia Pavani da Silva Gomes, doutora em psicologia clínica pela Pontifícia Universidade Católica de São Paulo (PUC-SP) com ênfase em clínica winnicottiana;
Márcio Bandeira, psicanalista;
Marco Aurélio de Carvalho Silva, psicólogo com especializações em teoria e clínica psicanalítica, saúde mental, filosofia moderna e contemporânea, com mestrado em psicanálise;
Marcos Mariani Casadore, doutor em psicologia

pelo programa de pós-graduação da Universidade Estadual Paulista (Unesp), em Assis (SP), e autor do livro Sándor Ferenczi e a psicanálise — pela errância das experimentações;

Margaret Waddington Binder, psicanalista e membro efetivo da Sociedade Brasileira de Psicanálise do Rio de Janeiro (SBPRJ);

Poema Ribeiro, psicoterapeuta;

Regina Gioconda de Andrade, doutora em psicologia e coordenadora do curso de psicologia da Universidade do Oeste Paulista (Unoeste), de Presidente Prudente (SP);

Renan Cola, psicanalista da empresa É Freud, Viu?;

Rodrigo Alencar, psicólogo, psicanalista e membro do Laboratório Psicanálise e Política, vinculado à PUC-SP, em São Paulo (SP);

Virgínia Ferreira, psicóloga, psicanalista e professora da Faculdade de Medicina de Petrópolis e de psicologia da Faculdade Arthur Sá Earp Neto.

ARTIGOS

AVELLAR, Luziane Z. *Jogando na análise de crianças: intervir-interpretar na abordagem Winnicottiana.* Editora Casa do Psicólogo, 2011.

CAMAROTTI, Maria do C. O nascimento da psicanálise de criança — uma história para contar. *Revista Reverso,* em 2010.

COUTO, Luis F. S.; SOUZA, Marcelo F. G. de. *O estruturalismo em Jacques Lacan:* da apropriação à subversão da corrente estruturalista no estabelecimento de uma teoria do sujeito do inconsciente. Ágora: Estudos em Teoria Psicanalítica, 2013.

DIAS, Elsa O. *A teoria das psicoses em D. W. Winnicott.* PUC (Pontifícia Universidade Católica de São Paulo), São Paulo, 1998.

DIAS, Elsa O. A *teoria do amadurecimento de D. W. Winnicott.* Editora Imago, Rio de Janeiro, 2003.

FOCHESATTO, Waleska P. F. A cura pela fala. *Revista Estudos de Psicanálise,* 2011.

FREUD, Sigmund. *A interpretação dos sonhos. Federação Brasileira de Psicanálise*. Franz Deuticke, Leipzig & Vienna, 1899.

FREUD, Sigmund. *An Autobiographical Study*. The Hogarth Press, 1950.

FREUD, Sigmund; BREUER, Josef. *Studies on Hysteria*. Basic Books, 2000.

FREUD, Sigmund. *Três ensaios sobre a teoria da sexualidade*. Editora Imago, 1976.

FREUD, Sigmund. *Uma Neurose Infantil e Outros Trabalhos* (1917-1918). Editora Imago, 2006.

FREUD, Sigmund. *O caso de Schreber, artigos sobre a técnica e outros trabalhos*. Editora Imago, 1911.

FUCHS, Solange M. S.; JÚNIOR, Carlos A. Peixoto. Sobre o trauma: contribuições de Ferenczi e Winnicott para a clínica psicanalítica. *Revista Tempo Psicanalítico*, 2014.

KLAUTAU, Perla; WINOGRAD, Monah. Viena, Áustria: notas sobre o contexto de emergência

da psicanálise. *Revista Tempo Psicanalítico*, 2014;
MOLLON, Phil. *Freud and False Memory Syndrome*. Icon Books e Totem Books, 2000.
PLON, Michel; ROUDINESCO, Elisabeth. *Dicionário de Psicanálise*. Editora Zahar, 1998.
SEI, Maíra B.; CINTRA, Maria F. V. Psicanálise de crianças: histórico e reflexões atuais. *Revista da Universidade Ibirapuera,* 2013.
SILVA, Danilo R. O Sistema de Avaliação do Desempenho no Rorschach (SADR) Aplicação, Codificação e Interpretação, Manual *Técnico. Revista Iberoamericana de Diagnóstico y Evaluación — e Avaliação Psicológica,* 2015.
WINNICOTT, Donald W. *Da pediatria à Psicanálise*. Editora Imago, Rio de Janeiro, 2000.
WINNICOTT, Donald W. *Natureza Humana*. Editora Imago, Rio de Janeiro, 1990.
WINNICOTT, Donald W. *O ambiente e os processos de maturação*. Editora Artmed, Porto Alegre, 1983;

WINNICOTT, Donald W. *O gesto espontâneo*. Editora Martins Fontes, São Paulo, 1990.

Segunda edição (junho/2024) Primeira reimpressão
Papel de miolo Lux Cream 70g
Tipografia Acumin Pro, Cheddar Gothic Sans e Visby
Gráfica Melting